Brincadeiras e dinâmicas para grupos

Dados Internacionais de Catalogação na Publicação (CIP)
(Câmara Brasileira do Livro, SP, Brasil)

Berkenbrock, Volney J.

Brincadeiras e dinâmicas para grupos : diversões para dentro e fora de sala de aula, encontros de grupos, festas de família, reuniões de trabalho, e muitas outras ocasiões / Volney J. Berkenbrock ; ilustrações Emerson Souza. 13. ed. – Petrópolis, RJ : Vozes, 2013.

ISBN 978-85-326-2779-7

1. Brincadeiras 2. Jogos em grupo 3. Lazer 4. Recreação 5. I. Souza, Emerson. II. Título.

02-4607   CDD-790

Índices para catálogo sistemático:
1. Brincadeiras e dinâmicas : Recreação   790

Volney J. Berkenbrock

Brincadeiras e dinâmicas para grupos

Diversões para dentro e fora de sala de aula, encontros de grupos, festas de família, reuniões de trabalho, e muitas outras ocasiões

Ilustração
Emerson Souza

1ª Reimpressão

EDITORA VOZES

Petrópolis

© 2002, Editora Vozes Ltda.
Rua Frei Luís, 100
25689-900 Petrópolis, RJ
www.vozes.com.br
Brasil

Todos os direitos reservados. Nenhuma parte desta obra poderá ser reproduzida ou transmitida por qualquer forma e/ou quaisquer meios (eletrônico ou mecânico, incluindo fotocópia e gravação) ou arquivada em qualquer sistema ou banco de dados sem permissão escrita da editora.

Editoração e org. literária: Augusto Ângelo Zanatta
Capa/ilustração: Emerson Souza
Capa/arte-finalização: Editora Vozes

ISBN 978-85-326-2779-7

Editado conforme o novo acordo ortográfico.

Este livro foi composto e impresso pela Editora Vozes Ltda.

Dedicatória

A quem sabe ser dádiva.

Sumário

Introdução, 9

1. Desejo do meu lado, 11
2. Procurando o animal-par, 14
3. A sombra, 17
4. Quem está ao telefone?, 20
5. Mudança de voz/expressão, 23
6. Calculando a distância, 26
7. Jogo do viúvo (ou da viúva), 29
8. Controle remoto humano, 31
9. Morto/Vivo, 34
10. Acertando a soma, 36
11. Ingredientes e bebidas, 38
12. Fundando um empreendimento, 41
13. Investimento bancário, 43
14. Desafio ao orador, 45
15. Televendas, 47
16. As respostas e as perguntas, 50

17. Bom de matemática, 52
18. Forma geométrica e seus lados, 55
19. Memória e geografia, 58
20. Fatos e datas, 60
21. Sabendo conjugar verbos, 62
22. Inventando manchetes, 65
23. Ajudando o(a) parceiro(a), 67
24. Mudança e observação, 69
25. Vencendo obstáculos, 71
26. Dança da vassoura, 73
27. Onde ficou o sombra?, 75
28. De mão em mão, 77
29. Briga de galo, 80
30. Gosto de você, 82
31. Famoso na testa, 85

Introdução

Como passatempo, como competição, como divertimento, como teste de agilidade ou criatividade, como entrosamento... Muitos são os motivos, muitas as ocasiões em que se fazem jogos, brincadeiras ou dinâmicas em grupos. Em momentos nos quais pessoas se encontram reunidas – sejam estas reuniões formais ou informais – uma atividade de descontração é sempre bem-vinda.

Estão reunidos neste livrinho 31 jogos, brincadeiras ou dinâmicas para grupos. O objetivo desta coletânea é justamente poder servir de subsídio a pessoas que trabalham com grupos e gostariam de inserir algo descontraído, alegre, competitivo em encontros. Procuramos reunir aqui brincadeiras que sejam de fácil execução, que não exijam muita preparação, nem acessórios. Também procuramos mesclar atividades que sejam jogos (competições) com outras que sejam simplesmente divertidas, com outras ainda que possam ser usadas com o objetivo de entrosamento ou de quebra-gelo para o grupo. Outra preocupação desta coletânea também foi mesclar atividades que possam ser desenvolvidas por grupos de diversas idades.

As ocasiões que tivemos em mente ao reunir ou inventar estas atividades são as mais variadas possíveis: desde intervalos de reuniões de trabalho, reuniões de família, atividades em sala de aula ou para grupos de terceira idade, até finais de semana chuvosos na casa de praia.

Outro elemento que esteve presente nesta coletânea foi pensar atividades que proporcionem alegria e divertimento ao grupo. Isto não exclui que elas sejam usadas como momentos de aprendizado ou de exercício pedagógico.

Muitas das atividades aqui reunidas são talvez já conhecidas e já serviram para divertir muita gente. Queremos que continuem a divertir e a divertir cada vez mais pessoas. Outras são certamente inéditas.

A cada atividade aliamos um desenho. Este – de traço simples – quer ser, por um lado, mais um motivo de diversão e, por outro, uma ajuda no sentido de se poder visualizar o que está sendo proposto.

Desejamos um bom divertimento a todas as pessoas que aqui se inspirarem.

Volney J. Berkenbrock
Emerson Souza

1

Desejo do meu lado

Diversão ou competição

Os participantes sentam-se em um círculo, deixando uma cadeira vazia. Quem está sentado ao lado esquerdo da cadeira vazia inicia a brincadeira dizendo: "Desejo do meu lado direito uma pessoa que tenha..." e diz alguma coisa que uma ou mais pessoas do grupo estejam usando no momento ou tenham. Por exemplo: óculos, tênis, camisa branca, cabelo preso... A pessoa que esteja usando ou tenha aquilo que foi dito deverá ir sentar na cadeira vazia ao lado direito de quem falou. Se mais de uma pessoa estiver usando ou tenha aquilo que foi falado, estas deverão em primeiro lugar tentar ocupar aquela cadeira vazia. Quando uma pessoa já ocupou aquela cadeira vazia, as outras que estiverem usando ou tenham aquilo que foi dito deverão ocupar alguma outra cadeira que esteja vazia. Todas as pessoas que tenham ou estejam usando aquilo que foi dito deverão, porém, mudar de lugar. Quando todas estiverem sentadas, uma cadeira estará vazia. Quem está ao lado esquerdo desta cadeira deverá dizer imediatamente: "Desejo do meu lado direito uma pessoa que tenha..." E assim a brincadeira continua. Podem ser ditas tanto coisas que diversas pessoas tenham ou estiverem usando, como algo que só uma pessoa tenha ou estiver usando, como também coisas que todos tenham (por exemplo, boca). Quando se diz algo que só uma pessoa tem ou esteja usando, esta pessoa deverá ser bastante perspicaz para perceber que só ela deverá trocar de lugar. Quando se diz algo que todos tenham ou estiverem usando, todos correm para mudar de lugar. A brincadeira termina quando todos já tiverem se divertido o suficiente.

Variação

Esta brincadeira pode ser feita em forma de competição eliminatória. Desta maneira será eliminada a pessoa que tem ou estiver usando aquilo que foi dito e não mudou de lugar quando tal coisa foi falada (o grupo deve prestar atenção e apontar); ou, então, aquela pessoa que ficou ao lado esquerdo da cadeira vazia e não se manifestou imediatamente dizendo: "Desejo do meu lado..." Cada vez que uma pessoa é eliminada, retira-se uma cadeira da roda, de tal modo que haja sempre uma cadeira a mais que o número de participantes. A brincadeira termina quando restarem apenas quatro (ou três) participantes, que serão então os vencedores.

2
PROCURANDO O ANIMAL-PAR
Simplesmente diversão em grupos

Para esta brincadeira é necessário que o número de participantes seja ímpar. A brincadeira é preparada da seguinte maneira: tomam-se pedaços de papel (bilhetes) e neles são escritos nomes de animais que fazem sons conhecidos pelo grupo. Para cada animal são escritos dois bilhetes com o mesmo nome, de tal maneira a possibilitar a formação de pares. Os nomes dos animais podem ser escritos em sua forma masculina ou feminina (p. ex., boi ou vaca). O número de bilhetes a ser feito deve ser um a mais que o número de participantes. Por exemplo, se são 11 (onze) participantes, deverão ser feitos 12 (doze) bilhetes, ou seja, seis pares. Os bilhetes são dobrados e misturados. Cada participante deverá pegar um bilhete e ver o nome de qual animal está escrito. Quando todos os participantes tiverem tirado o seu bilhete, irá sobrar um bilhete. Os participantes não devem ver o nome do animal que está no bilhete que sobrou. A um sinal do coordenador da brincadeira, todos os participantes deverão imitar com o maior volume de voz possível o som produzido pelo animal de seu bilhete. Os participantes deverão ficar repetindo/gritando o som de seu animal até cada qual ter encontrado o seu animal-par. A brincadeira termina quando todos tiverem encontrado o seu par, menos a pessoa que não tiver par. Esta irá ficar gritando sozinha o som de seu animal. A brincadeira poderá ser repetida até todos terem se divertido. Sugestão de animais a serem tomados: vaca, cavalo, galinha, cachorro, gato, porco, cabrito, pato, ganso, burro.

3
A SOMBRA
Diversão e competição

Os participantes são divididos em duplas. Em cada dupla um será o líder e o outro será a sombra. As duplas podem definir livremente os papéis. Uma após a outra, as duplas devem andar livremente no espaço e ser observadas pelos demais participantes. O líder da dupla vai à frente e sua sombra anda atrás. O líder poderá fazer movimentos como levantar os braços, balançá-los, dar passos largos, andar em ziguezague etc. Apenas não poderá olhar para trás. A sombra poderá imitar ou não os gestos do líder, mas deverá sempre andar cerca de meio metro atrás do líder. Quando o líder quiser, poderá dizer "Para". Neste momento, os dois congelam o movimento na posição que estavam. Sem voltar-se para trás, o líder deve adivinhar se, no momento em que o movimento foi congelado, a sombra o estava imitando ou não. Se o líder acertar o comportamento da sombra, fez um ponto. Caso contrário a sombra fez ponto. Quem por primeiro fizer três pontos, elimina o seu parceiro de dupla. Tendo um dos parceiros da dupla alcançado já três pontos, a seguinte dupla inicia a competição. A brincadeira termina quando todas as duplas já tiverem competido. As pessoas que não estão competindo deverão formar a plateia e podem incentivar as duplas que estão competindo no momento.

Variação

Quando o número de participantes não for muito grande, esta brincadeira poderá ter sequência da seguinte maneira: as pessoas que não foram eliminadas na primeira rodada de três pontos formam novamente duplas para uma segunda rodada, depois para uma terceira rodada e assim sucessivamente até restar apenas uma pessoa como vencedora geral.

4

QUEM ESTÁ AO TELEFONE?
Simplesmente diversão em grupos ou em forma de competição

Para se iniciar esta brincadeira, é necessário primeiro fazer bilhetes com números, conforme a quantidade de participantes. No caso de 10 pessoas, deverão ser feitos bilhetes com números de 1 (um) a 10 (dez). Cada participante tira um bilhete e olha o seu número, sem deixar que outra pessoa o veja. Cada qual deve memorizar o seu número. Após todos terem já recebido e memorizado o seu número, são vendados os olhos de todos os participantes. Os participantes são convidados a andar pela sala, de tal modo que fiquem todos misturados. O coordenador dá um leve toque no ombro de um dos participantes. Este (jogador A) deverá dizer: "Quero falar com o número... (e diz um número)". A pessoa que tem o número escolhido (jogador B) deverá dar alguma resposta tipo "Alô!", porém com voz disfarçada. O jogador A terá então o direito de fazer até quatro perguntas e o jogador B deverá responder, usando pelo menos duas palavras na resposta. Deverá sempre, porém, responder com voz disfarçada, pois a brincadeira consiste justamente em A tentar adivinhar quem se esconde atrás da voz de B. As respostas não precisam necessariamente dizer a verdade. Terminadas as quatro perguntas, o jogador A deverá dizer o nome da pessoa com quem ele acha que falou. Se acertou, ele continua na brincadeira e quem não soube disfarçar cai fora. Se não acertou, ele cai fora e quem soube disfarçar continua. O coordenador pede que os participantes deem alguns passos para se misturarem novamente e deverá então bater no ombro de outro participante. Assim a brincadeira continua até alguém ser o vencedor.

Observação: Esta brincadeira só pode ser feita com participantes que se conheçam entre si.

Variação

Pode-se fazer esta brincadeira em forma de competição. São feitos então sempre dois bilhetes com o mesmo número. Os participantes são divididos em dois times e os membros de cada time recebem os seus bilhetes, de maneira a haver duas pessoas com o mesmo número, mas em equipes diferentes. Vendam-se os olhos dos participantes e alternadamente um participante e cada time deverá falar com um participante da outra equipe, segundo as mesmas regras descritas acima. Ao invés de eliminar participantes, deve-se adotar um sistema de pontos, combinando-se um placar a ser atingido por uma das equipes para vencer a competição.

5

MUDANÇA DE VOZ/EXPRESSÃO
Diversão e competição

Cada um dos participantes escolhe uma frase (inventada por ele mesmo ou uma frase já conhecida). Um após outro, cada participante deverá dizer em voz alta ao grupo a frase que escolheu. Depois disso, cada participante deverá repetir sua frase, modelando sua voz e expressão corporal de tal modo a expressar os seguintes sentimentos ou situações:

– com raiva,

– como um anúncio oficial,

– como se estivesse atacando alguém,

– apaixonado,

– de maneira engraçada,

– de maneira ameaçadora,

– entediado (de saco cheio),

– nervoso,

– de maneira provocativa,

– como se estivesse interessado no assunto,

– de maneira interrogativa,

– com voz forte,

– como vendedor de feira-livre,

– gritando,

– transmitindo exagero,

– de forma debochada,

– de forma confidencial,

– chorando,

– como locutor de noticiário.

O coordenador da brincadeira deverá anunciar cada vez o modo a ser usado para a frase. Um após outro, cada participante deverá dizer a sua frase em todas as modalidades. O participante será eliminado se não conseguir dizer sem rir a mesma frase em todas as modalidades ou então se – conforme o grupo julgar – não estiver conseguindo transmitir o sentimento ou a situação desejada.

6
CALCULANDO A DISTÂNCIA
Competição em duplas

Os participantes são divididos em duplas. Os membros de cada dupla ficam frente a frente, com os braços esticados na distância tal que as pontas dos dedos se tocam. Os dois podem, então, abaixar os braços e os olhos de ambos são vendados. O coordenador gira cada um dos participantes, de tal modo que eles percam a noção da direção em que está o parceiro. A uma ordem do coordenador, os dois devem dar quatro passos para frente. Os passos podem ser longos ou curtos. Dados os passos, o coordenador deve apontar quem dos dois deve gritar "aqui!" O outro membro da dupla deve então dizer com quantos passos pretende chegar tão perto de seu parceiro, de modo que possa se tocar. Dito o número, ele deve dar os passos. Terminado de dar os passos, devem ser tiradas as vendas dos olhos dos dois e se eles estiverem a uma distância tal que possa se tocar estendendo os braços – sem mover os pés do chão –, terão feito um ponto. Se não conseguirem se tocar, ou, então, tiverem se esbarrado antes de terminar os passos, não farão ponto algum. Os membros da seguinte dupla são então postos frente a frente e devem cumprir a mesma tarefa. Pode-se combinar um determinado placar a ser atingido por uma dupla para o final da brincadeira, ou proceder em sistema de eliminação, de tal modo que as duplas que não conseguirem se tocar ficam de fora.

Observação: É preciso que o coordenador da brincadeira tome cuidado para não deixar os participantes em posição tal que, ao darem os quatro passos para frente, possam esbarrar ou tropeçar em alguma coisa.

7
JOGO DO VIÚVO (OU DA VIÚVA)
Diversão e concentração

Forma-se um círculo com cadeiras, voltando os assentos das mesmas para o centro. Os participantes são divididos em dois grupos: as(os) pretendidas(os) e os(as) pretendentes. As(os) pretendidas(os) sentam-se nas cadeiras, mas de tal modo a deixar uma cadeira vazia e os(as) pretendentes postam-se um atrás de cada uma das cadeiras. Desta maneira, cada pretendente tem seu par sentado(a) na cadeira, menos um(a) pretendente, cuja cadeira está vazia. Os(as) pretendentes ficam com as mãos em posição de sentido. Inicia-se então a brincadeira: o(a) pretendente que estiver viúvo (viúva) – isto é, cuja cadeira estiver vazia – dá uma piscada para alguém das(dos) pretendidas(os). A pessoa que recebeu a piscada deverá rapidamente levantar-se e ir sentar na cadeira de quem a pretendeu, deixando assim viúvo (viúva) o seu parceiro. Esta pessoa poderá, porém, impedir que seu parceiro seja "roubado", colocando rapidamente as mãos sobre os seus ombros. Se a pessoa for rápida o bastante para colocar as mãos antes que a pessoa levante da cadeira, terá conservado sua(seu) parceria(o). E o(a) viúvo(a) terá que fazer outra investida. Se alguém, no entanto, dos que estão de pé, levantar suas mãos num momento errado (quando seu parceiro ou sua parceira não foi piscado), perderá a(o) parceira(o), passando a fazer o papel de viúvo(a). A brincadeira termina quando todos já tiverem se divertido bastante.

8
CONTROLE REMOTO HUMANO
Competição em grupos

Os participantes são divididos em dois times. Coloca-se uma venda nos olhos de um participante de cada grupo. Depois disso são feitas duas pistas de obstáculos, exatamente iguais. Estas podem ser feitas com objetos como garrafas, calçados, cadeiras ou com pessoas. Também podem ser postadas pessoas segurando um barbante a uma certa altura, onde a pessoa com os olhos vendados deverá passar por baixo ou por cima. Terminadas as duas pistas, escolhe-se uma pessoa de cada grupo que deverá ser o controle remoto da pessoa que está com os olhos vendados (esta deverá saber quem é o seu controlador). Combinado o trajeto a ser feito pela pessoa com os olhos vendados, inicia-se a competição. O controlador deverá dar as instruções ao seu controlado para que percorra a pista de obstáculos. Deverão ser dadas instruções como à frente, para trás, para o lado, abaixar, levantar os pés etc., conforme a pista exigir. Será vencedor o time cujo controlado conseguir por primeiro cumprir o trajeto da pista de obstáculos. Pode-se repetir a competição, trocando o controlado e o controlador, e combinar um placar para o final da competição, tipo será vencedor o time que por primeiro fizer 10 pontos.

Variação

É possível dificultar esta competição, colocando regras como: se o controlado tocar em algum obstáculo, deverá ser levado ao ponto inicial e começar tudo de novo, ou, então, o controlado só poderá mover-se pulando com os dois pés juntos. Inventar graus de dificuldade fica a critério da criatividade do grupo.

9
Morto/Vivo
Diversão e concentração

Os participantes são colocados de pé, no centro do espaço da brincadeira. O coordenador coloca-se em frente ao grupo. O coordenador irá gritar "vivo" ou "morto". Se o coordenador gritar "morto!", todos devem ficar de cócoras; se gritar "vivo!", todos devem ficar de pé. O coordenador poderá gritar na ordem que quiser e terá a liberdade de fazer movimentos contrários: por exemplo, gritar "vivo" e ficar de cócoras. Os participantes, porém, devem sempre obedecer ao que foi gritado e não ao gesto do coordenador. Quem enganar-se e levantar na hora que foi gritado "morto!" ou então abaixar-se na hora em que foi gritado "vivo!", é eliminado da brincadeira. O coordenador deve ter habilidade para gritar e fazer movimentos num ritmo tal que venha a confundir os participantes, como, por exemplo, gritar mais de uma vez a mesma coisa, mudando porém de posição. A brincadeira termina quando restou apenas um vencedor ou quando todos já tiverem se divertido.

10

Acertando a soma
Agilidade e sorte

Esta brincadeira faz-se em duplas e necessita de alguém como juiz. As duas pessoas sentam-se à mesa frente a frente. O juiz deve observar os dois e dar o sinal para o início. Ao sinal de início, os dois jogadores deverão colocar a mão direita no centro da mesa, esticando um número determinado de dedos e ao mesmo tempo dizendo um número. Este número deve ser a tentativa de acertar a soma dos dedos esticados por cada um. O juiz deve controlar para ver quem acertou a soma. Quem acertou faz um ponto. Os dois jogadores recolhem o braço e rapidamente o esticam novamente para o centro da mesa, esticando um outro número de dedos e dizendo um outro número. E assim sucessivamente. Quanto mais rápido os jogadores conseguirem agir, mais interessante será o jogo e mais agilidade exigirá tanto do juiz como dos jogadores. Terá ganho a partida quem por primeiro fizer 10 pontos.

Variação

Ao invés de dois jogadores, esta brincadeira também pode ser feita com três ou quatro jogadores ao mesmo tempo. Isto, porém, exigirá mais agilidade de todos.

11
Ingredientes e bebidas
Competição de agilidade

Para esta brincadeira é necessário que se preparem bilhetes correspondentes, em número igual ao de participantes. Os bilhetes são preparados da seguinte maneira: num bilhete escreve-se o nome de uma bebida composta de diversos ingredientes e depois escreve-se um bilhete para cada um dos ingredientes que compõem esta bebida. Assim, por exemplo, se se escreve num bilhete "Caipirinha", deve-se escrever quatro outros bilhetes: limão num, cachaça noutro, açúcar noutro e no último gelo. É mais interessante que os bilhetes não sejam preparados na presença dos participantes da brincadeira. Terminada a preparação, os bilhetes são dobrados e misturados. Explica-se aos participantes que nos bilhetes há nomes de bebidas e noutros ingredientes que entram na composição destas bebidas. Cada participante deverá retirar um bilhete e, a um sinal de quem coordena, todos poderão olhar o que está escrito em seu bilhete e sair à caça de parceiros para formar uma bebida com os ingredientes. Será vencedora a equipe que se achar primeiro, formando uma bebida, e levar os bilhetes a quem coordena. Esta brincadeira poderá ser repetida diversas vezes. Basta para isso recolher os bilhetes, misturá-los e distribuí-los novamente.

Observação: É interessante para esta brincadeira que se utilizem bebidas em cuja composição entre um número igual de ingredientes. Para evitar dúvidas nos ingredientes que entram na composição de determinada bebida, pode-se escrever no bilhete com o nome da bebida detalhes como "com açúcar" e/ou "com gelo".

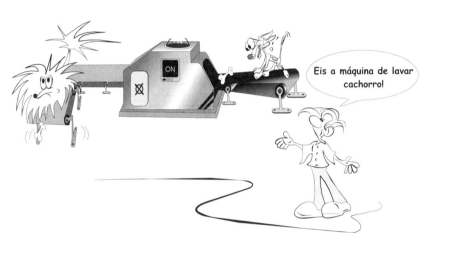

12
Fundando um empreendimento
Dinâmica de criatividade

Os participantes são divididos em grupos de três a seis pessoas. Cada grupo terá 20 minutos para fundar um empreendimento. Pode-se dar como tarefa fundar um mesmo empreendimento ou empreendimentos diferentes para cada grupo. Assim, podem ser fundadas: uma indústria, uma religião, uma prestadora de serviços, uma escola/universidade, um país. A tarefa do grupo será inventar um conteúdo mais engraçado e surpreendente possível, realmente algo que não exista e que não faça o menor sentido para este empreendimento. Ao final dos 20 minutos, cada grupo terá que apresentar aos outros, de forma convincente e séria, a loucura que inventou. Pode-se fazer, ao final, uma consulta ao público para que decida qual empreendimento foi mais surpreendente e sem sentido.

13
INVESTIMENTO BANCÁRIO
Diversão e criatividade

Para esta brincadeira, os participantes devem ser divididos em dois grupos. Um grupo são os banqueiros e o outro os investidores. Um monitor coordena a brincadeira. Ao sinal do monitor, os investidores iniciam o jogo e terão dois minutos para decidir o que querem depositar no banco. Passado o tempo, deverão apresentar aos banqueiros o seu investimento. Os banqueiros, por sua vez, terão novamente dois minutos para decidir o que fazer com este investimento e apresentar aos investidores uma proposta de aplicação. Os investidores deverão retornar após dois minutos e exigir os resultados do investimento. Os banqueiros terão dois minutos para dar uma resposta sobre o que aconteceu com o investimento. Terminado este tempo, pode-se mudar de papel: investidores viram banqueiros e banqueiros viram investidores. E assim se faz outra rodada como a anterior, apenas com os papéis invertidos. Esta brincadeira só será divertida se houver bastante criatividade dos participantes. Assim os investidores deverão inventar coisas engraçadas e inéditas a serem aplicadas num banco, como, por exemplo, "dois dias de sol" ou "quatro pedaços de água frita".

14
Desafio ao orador
Diversão em grupos

Os participantes deverão sentar em semicírculo, como se estivessem num auditório. Cada participante deverá escrever num pedaço de papel um tema engraçado, inusitado ou louco sobre o qual deverá ser feito um discurso (por exemplo: a importância da invenção da água em pó). Os bilhetes são dobrados, recolhidos e misturados. Um após outro, cada um dos participantes deverá ser apontado pelo grupo para fazer um discurso. Ao ser apontado, este participante deverá tirar um bilhete e ler em voz alta o que está escrito. Após um minuto de concentração, este participante deverá ir à frente de sua plateia e fazer de improviso um discurso sobre o determinado tema. Pode-se inclusive – se houver à disposição – colocar uma cadeira para que ele suba e fique em destaque frente ao grupo. O discurso deve durar pelo menos uns quatro minutos. A plateia pode apoiá-lo com aplausos e apupos. Terminado o discurso, outro participante é escolhido para a tarefa. A brincadeira termina quando todos já tiverem falado, ou, então, após todos já terem se divertido com três ou quatro discursos. No caso de se combinar um número menor de discursos que de participantes, é interessante que os oradores sejam determinados por meio de sorteio. Neste caso, também se pode ler no final os temas sobre os quais não foram feitos discursos.

15
TELEVENDAS
Diversão e competição em grupos

Os participantes são divididos em duas equipes e colocados frente a frente. Uma pessoa deve ser escolhida como juiz ou coordenador da brincadeira. Cada equipe deverá escrever em bilhetes cinco coisas engraçadas (doidas) a serem vendidas por telefone (por exemplo: prego com cabeça dos dois lados). Os bilhetes são dobrados e cada grupo fica com os seus bilhetes. Um grupo tira, então, um de seus bilhetes e lê em voz alta o que está escrito no bilhete. O grupo deve escolher um de seus membros que irá ser o "vendedor" por telefone daquilo que estava no papel. O outro grupo deve escolher um de seus membros para ser a pessoa que vai atender ao telefonema do "vendedor". Em forma de mímica, o "vendedor" deve telefonar ao membro do outro grupo e oferecer o tal produto. A pessoa que está do outro lado deve, porém, se negar a comprar. O vendedor deve fazer 10 investidas, isto é, 10 tentativas de vender. A pessoa que está do outro lado terá sempre que responder de forma lógica, em frases argumentadas. Não devem ser admitidas respostas genéricas ou evasivas tipo: "Não", "Não quero", "Não desejo". Nem o vendedor, nem o atendente do telefone podem demorar muito para falar, nem gaguejar ou falar coisas sem sentido. O juiz ou coordenador irá controlar estas coisas. Para cada um destes "erros", conta-se um ponto para a outra equipe. Após as 10 tentativas de venda, troca-se de papéis. A equipe que estava atendendo o telefone, abre agora um bilhete e lê o que está escrito, escolhe quem será o vendedor e a outra equipe escolhe quem será o atendente do telefone que não irá comprar. Uma pessoa que já falou, seja como vendedor, seja como atendente, não mais poderá falar, tendo as equipes sempre que revezar os seus membros. A brincadeira termina quando todos os participantes já tiverem falado ou quando todos os bilhetes já tiverem sido lidos ou quando foi alcançado um placar previamente combinado (tipo 20 pontos).

16
As respostas e as perguntas
Diversão em grupos

Os participantes deverão sentar em um círculo e receber dois pedaços de papel cada. Nestes pedaços, cada participante deverá escrever num pedaço uma pergunta e no outro a resposta a esta pergunta. Poderão ser escritas perguntas e respostas sobre os mais variados temas. Por exemplo: "O que você gostaria de fazer num domingo de sol?" (pergunta); "Colocar um biquíni, ir para a praia pegar um sol e tomar uma cerveja" (resposta). Quando todos os participantes já tiverem terminado a tarefa, os pedaços de papel devem ser dobrados e recolhidos em forma separada: perguntas com perguntas e respostas com respostas. As perguntas são colocadas numa sacola (ou outro recipiente apropriado) e as respostas em outra. Passa-se a sacola das perguntas e das respostas e cada participante deverá tirar uma pergunta e uma resposta. Quando todos já tiverem novamente dois pedaços de papel – um com uma pergunta e outro com uma resposta – são convidados a ler a pergunta e a resposta que tiraram.

Observação: Para que esta brincadeira torne-se mais divertida, os participantes devem ser orientados a escrever perguntas e respostas capciosas, picantes ou então perguntas e respostas que possam envolver os próprios participantes. Deve-se, porém, evitar o baixo nível ou escrever coisas ofensivas sobre as pessoas.

17
BOM DE MATEMÁTICA
Diversão e competição

Para esta brincadeira é necessário que se preparem bilhetes correspondentes, em número igual ao de participantes. Os bilhetes são preparados da seguinte maneira: num bilhete escreve-se uma soma em equação (por exemplo: 3 + 5) e no bilhete correspondente escreve-se o resultado da equação (no caso: 8). Os bilhetes não deverão ser preparados na presença dos participantes, para que eles não fiquem sabendo antecipadamente que equações e resultados os aguardam. Terminada a preparação, os bilhetes são dobrados e misturados. Explica-se aos participantes que nos bilhetes estão equações e resultados. Cada participante deverá retirar um bilhete e, a um sinal de quem coordena, todos poderão olhar o que está escrito em seu bilhete e sair à caça de seu correspondente. Será vencedora a dupla que se achar primeiro e levar os bilhetes a quem coordena. Esta brincadeira poderá ser repetida diversas vezes. Basta para isso recolher os bilhetes, misturá-los e distribuí-los novamente.

Observação: Na preparação dos bilhetes poderão ser usadas todas as operações matemáticas. Quem prepara os bilhetes deverá fazê-los de tal modo que sejam compatíveis com o nível dos participantes. Para os mais avançados, poderão ser preparadas equações mais complexas, exigindo rapidez de raciocínio em sua solução.

Variação

Também poderão ser usadas equações nos dois bilhetes correspondentes ao invés de equações e seus resultados. Assim pode-se, por exemplo, escrever em um bilhete "3 + 5" e no seu correspondente "12 - 4".

18
Forma geométrica e seus lados
Diversão e competição

Para esta brincadeira é necessário que se preparem bilhetes correspondentes, em número igual ao de participantes. Os bilhetes são preparados da seguinte maneira: num bilhete escreve-se uma forma geométrica (por exemplo: losango) e no bilhete correspondente escreve-se o número de lados desta forma geométrica (no caso: quatro lados). É mais interessante que os participantes da brincadeira não confeccionem eles mesmos os bilhetes. Terminada a preparação, os bilhetes são dobrados e misturados. Explica-se aos participantes que nos bilhetes há formas geométricas e números de lados. Cada participante deverá retirar um bilhete e, a um sinal de quem coordena, todos poderão olhar o que está escrito em seu bilhete e sair à caça de seu correspondente. Será vencedora a dupla que se achar primeiro e levar os bilhetes a quem coordena. A seguinte dupla que se achar ficará em segundo lugar e assim sucessivamente até todos terem se achado. Esta brincadeira poderá ser repetida diversas vezes. Basta para isso recolher os bilhetes, misturá-los e distribuí-los novamente.

Sugestões de formas geométricas a serem usadas: triângulo = três lados; quadrilátero = quatro lados; pentágono = cinco lados; hexágono = seis lados; heptágono = sete lados; octógono = oito lados; nonágono = nove lados; decágono = 10 lados; pentadecágono = 15 lados; pentacoságono = 25 lados; triacontágono = 30 lados; tetracontágono = 40 lados; pentacontágono = 50 lados; hexacontágono = 60 lados.

Observação: Poderão ser usadas mais de uma forma geométrica que tenha o mesmo número de lados (retângulo, losango, quadrado = quatro lados), pois isso poderá tornar a brincadeira ainda mais interessante.

19
Memória e geografia
Diversão e concentração

Para esta brincadeira deverão ser preparados bilhetes correspondentes (com papel mais ou menos do mesmo formato e com papel que não seja transparente). Em um dos bilhetes escreve-se um estado, no outro sua capital. Pode-se também usar países e suas capitais, bem como cidades e seus habitantes (tipo "Petrópolis" e "Petropolitano"). Os bilhetes são misturados e colocados lado a lado em uma mesa, voltados com a escrita para baixo. Os participantes da brincadeira deverão ficar ao redor da mesa. Um após outro, os participantes deverão levantar dois bilhetes e todos deverão poder ver o que está escrito. Se o jogador levantar dois bilhetes correspondentes, poderá ficar com o par de bilhetes para si. Se não forem correspondentes, deverá virá-los na mesa, na mesma posição que estavam. Cada jogador deverá concentrar-se para memorizar onde estão os bilhetes e assim descobrir os pares, quando for a sua vez de jogar. O jogo termina quando todos os pares tiverem sido descobertos e será vencedor o jogador que tiver conseguido pegar o maior número de pares. Os bilhetes podem ser misturados e novamente colocados à mesa para uma nova rodada.

20
Fatos e datas
Diversão e competição

Para esta brincadeira é necessário que se preparem bilhetes correspondentes, em número igual ao de participantes. Os bilhetes são preparados da seguinte maneira: num bilhete escreve-se uma data (por exemplo: 15 de novembro de 1889) e no bilhete correspondente escreve-se o fato ocorrido na determinada data (no caso: proclamação da república no Brasil). É mais interessante que os bilhetes não sejam preparados na presença dos participantes. Terminada a preparação, os bilhetes são dobrados e misturados. Explica-se aos participantes que nos bilhetes há datas e fatos históricos. Cada participante deverá retirar um bilhete e, a um sinal de quem coordena, todos poderão olhar o que está escrito em seu bilhete e sair à caça de seu correspondente. Será vencedora a dupla que se achar primeiro e levar os bilhetes a quem coordena. Esta brincadeira poderá ser repetida diversas vezes. Basta para isso recolher os bilhetes, misturá-los e distribuí-los novamente.

Observação: Poderão ser usados fatos e datas de acontecimentos recentes, da história do Brasil, da história geral ou datas comemorativas anuais (12 de outubro = dia da criança). A pessoa que prepara os bilhetes deverá usar datas e fatos conforme o nível de conhecimento dos participantes.

21

Sabendo conjugar verbos
Diversão e competição

Para esta brincadeira é necessário que se preparem bilhetes correspondentes, em número igual ao de participantes. Os bilhetes são preparados da seguinte maneira: num bilhete escreve-se um tempo verbal (por exemplo: terceira pessoa do singular do pretérito perfeito) e no bilhete correspondente escreve-se o verbo na respectiva forma (no caso: amou). Na preparação dos bilhetes, pode-se usar sempre o mesmo verbo (a brincadeira fica mais fácil) e pode-se usar verbos diferentes (a brincadeira fica mais difícil). Os bilhetes não deverão ser preparados na presença dos participantes. Terminada a preparação, os bilhetes são dobrados e misturados. Explica-se aos participantes que nos bilhetes há tempos verbais e verbos nas respectivas formas. Cada participante deverá retirar um bilhete, e, a um sinal de quem coordena, todos poderão olhar o que está escrito em seu bilhete e sair à caça de seu correspondente. Será vencedora a dupla que se achar primeiro e levar os bilhetes a quem coordena. Esta brincadeira poderá ser repetida diversas vezes. Basta para isso recolher os bilhetes, misturá-los e distribuí-los novamente.

Variação

Esta brincadeira poderá ser feita à maneira de eliminação. Assim, a cada rodada elimina-se a dupla que se achou por último. Os bilhetes são recolhidos, misturados e distribuídos, reiniciando-se a busca de pares. Novamente, quem se achou por último é eliminado. E assim sucessivamente até restarem os vencedores.

22
INVENTANDO MANCHETES
Diversão e criatividade

Os participantes deverão ser divididos em grupos, de três a cinco pessoas cada grupo, conforme o número de pessoas presentes. A tarefa de cada grupo será inventar manchetes de jornal. Combina-se primeiro os temas sobre os quais deverão ser feitas as manchetes. Poderão ser definidos três ou quatro temas (assuntos). Após a definição dos temas, os grupos terão um tempo determinado (a ser definido pelo grupo – sugestão 15 minutos) para a tarefa. Cada grupo deverá então optar por um dos temas definidos e fazer três manchetes de jornal sobre este tema: uma manchete engraçada, uma manchete triste e uma manchete de impacto (surpreendente). Terminado o tempo combinado, os grupos deverão apresentar para todos as manchetes que inventaram. Pode-se, ao final, fazer inclusive uma votação entre os participantes para definir a melhor manchete.

23

Ajudando o(a) parceiro(a)
Diversão para casais

Esta brincadeira é mais apropriada para casais. Imagine-se que no casal participante da brincadeira um não pode usar os braços e o outro não pode usar os olhos, por isso terão que se ajudar mutuamente. Quem não pode usar as mãos fica em frente a uma mesa, com os braços imóveis, caídos para baixo (pode-se também colocar esta pessoa sentada em uma banqueta, caso haja alguma no local). Coloca-se uma venda nos olhos de quem não pode usá-los. Este, com os olhos tapados, deverá vir por detrás e colocar seus braços por debaixo dos braços de quem está frente à mesa. Este agora deverá fazer algumas coisas para quem não pode usar os braços, sem porém ver o que está fazendo. Assim o grupo pode preparar uma xícara de café, um copo de suco, biscoitos que serão colocados na mesa para serem servidos na boca do(a) parceiro(a). Pode-se pedir também que se faça uma maquiagem na parceira, que se escove os dentes da(o) parceira(o), que se faça a barba do parceiro (não se deverá usar algo cortante como navalha). Às apalpadelas quem está com os olhos tapados terá sempre que servir a outra pessoa. É aconselhável que se coloque uma toalha como babador para que não fique muito suja a roupa da pessoa. A brincadeira será tanto mais divertida quanto mais criativas forem as coisas preparadas. Pode-se fazer diversas rodadas, com casais diferentes, bem como fazer com que os casais troquem de papel.

24

Mudança e observação
Jogo de perspicácia em duplas

Esta brincadeira é feita em duplas. Duas pessoas ficam frente a frente. Uma delas é a observadora e a outra a observada. A pessoa observada deve colocar-se em uma determinada posição (cabeça, pernas, braços, mãos) e congelar os movimentos, dizendo "agora". Quem é observador terá alguns momentos para fixar na memória esta posição. O grupo determina o tempo. O observador vira-se de costas para o observado e este deve mudar de posição alguma parte de seu corpo e congelar novamente o movimento, dizendo "pronto" (deve-se mudar de posição somente uma parte do corpo e esta mudança deve ser facilmente visível). Ao ouvir o "pronto", o observador vira-se para o observado e terá cinco segundos para dizer que parte do corpo foi mudada (o grupo pode definir outro tempo e a forma de marcá-lo: se com relógio ou contando). Se o observador acertar qual parte do corpo foi mudada, ele faz um ponto. Se errar, o observado faz um ponto. Mudam-se então os papéis: o observado vira observador e o observador vira observado. Conforme o número de participantes, pode-se definir quantas rodadas deverão ser feitas com cada dupla, de tal modo que todos possam participar.

Uma dica: o observado deverá, antes de congelar os movimentos, colocar-se em diversas posições, de tal modo a exigir muita perspicácia do observador.

25
Vencendo obstáculos
Competição e agilidade

Os participantes deverão ser divididos em dois grupos e uma pessoa deve coordenar a brincadeira. Um grupo (A) deverá escolher cinco de seus membros, que deverão formar uma fila, colocando cada qual o braço esquerdo sobre o ombro do companheiro que estiver à frente, guardando a distância do braço esticado e mantendo o braço direito livre. Deverão ser vendados os olhos dos membros da fila. Após terem sido vendados os olhos, um membro do outro grupo (B) é escolhido para passar em ziguezague entre as pessoas que estão na fila. O desafio consiste em passar por todos os buracos, sem tocar em alguém ou ser tocado por alguém que está na fila. As pessoas que estão na fila, por sua vez, só poderão movimentar o braço direito, tentando tocar no escuro quem está passando. O coordenador não deverá permitir que se fique, porém, com o braço direito para baixo o tempo todo e ao mesmo tempo irá ver se o jogador passou por todos os buracos. Cada vez que alguém com os olhos vendados toca ou é tocado por quem está passando, o seu time faz um ponto. Quando o jogador do time B passou por todos os buracos, invertem-se os papéis: cinco membros do time B deverão formar uma fila e ter os olhos vendados e um jogador do time A deverá tentar passar pelos buracos. A brincadeira termina quando um dos times tiver alcançado 10 pontos (ou outro placar combinado pelo grupo).

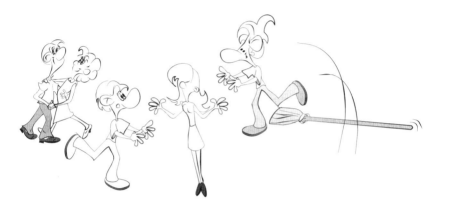

26
Dança da vassoura
Diversão para casais

Para esta brincadeira é necessário ter um aparelho de som com música em ritmo que os participantes saibam dançar e uma vassoura. O número de participantes deverá ser ímpar. Os casais começam a dançar e quem está sem par dança com a vassoura. Após alguns momentos, quem está com a vassoura deixa ela cair. Quando o cabo da vassoura cair no chão, todos os casais devem procurar um outro par. Quem não conseguiu ser rápido o suficiente para pegar um novo par, terá que dançar com a vassoura. Após alguns momentos, este deverá deixar cair a vassoura e todos trocam de par novamente. A brincadeira termina quando todos tiverem se divertido o suficiente.

27
ONDE FICOU O SOMBRA?
Memória e competição

Esta brincadeira é feita em duplas. Em cada dupla uma pessoa é líder e outra é sombra. O líder deverá andar em linha reta, contando de um a dez. A cada número ele deverá dar uma pequena parada e fazer alguma pose com as mãos, as pernas, a cabeça, o tronco, enfim, combinando o corpo. Após uma pequena parada (e pose), deverá seguir contando, fazendo uma pose diferente para cada número. A sombra deverá ir atrás do líder, mas não precisa fazer o mesmo número de passos, nem os mesmos gestos. A sombra deverá, porém, ficar congelada em alguma das posições feitas pelo líder. Quando o líder terminou sua contagem, deverá voltar-se, olhar a sombra e adivinhar qual o número que corresponde à pose que está sendo feita pela sombra. Se estiver certo, terá feito um ponto; se errar, o ponto é da sombra. Terminada esta rodada, invertem-se os papéis: líder vira sombra e sombra vira líder. Conforme o número de participantes, poderão ser feitas menos ou mais rodadas para cada dupla. Pode-se também fazer um sistema de eliminatórias, de tal modo que quem errou é eliminado e o vencedor joga depois com outro vencedor, até se chegar a um vencedor final.

28
DE MÃO EM MÃO
Simplesmente diversão

Para esta brincadeira é necessário ter um aparelho de som. Todos recebem um pedaço de papel e devem escrever nele uma tarefa engraçada a ser cumprida por alguém. Deverá ser, porém, uma tarefa que possa ser executada ali, na frente de todas as pessoas. Cada um coloca o seu nome na tarefa que escreveu. Quando todos escreveram sua tarefa e o seu nome, são dobrados e recolhidos os bilhetes em uma sacola. Faz-se, então, um círculo com cadeiras, sobrando apenas uma pessoa de pé. A sacola com as tarefas é posta no centro do círculo. A pessoa que está de pé vai para fora do círculo, onde deve estar o aparelho de som. Prepara-se uma bola de papel (pode ser um outro objeto). Quando iniciar a música, esta bola de papel deverá ser passada de mão em mão. Quem está junto ao aparelho de som, deve ficar de costas para o grupo, de tal modo que não veja com quem está a bola de papel. Em um determinado momento, esta pessoa para a música. Quem estiver com a bola de papel neste instante deve levantar-se, ir ao centro e retirar um dos bilhetes com uma tarefa. Deverá ler a tarefa. Se esta pessoa tirou a própria tarefa, estará livre de executá-la. Se não, deverá executar a tarefa na frente de todos. Após executar a tarefa, o bilhete deve ser devolvido para a sacola e esta pessoa assume o comando do aparelho de som. Quem estava no aparelho de som assume o lugar vago na roda. E assim a brincadeira continua até que todos tenham se divertido.

Variação

Pode-se também ir eliminando os bilhetes cujas tarefas já foram executadas, terminando a brincadeira quando terminarem os bilhetes.

29
Briga de galo
Diversão em grupo

Os participantes são colocados sentados em um círculo. Quem coordena a brincadeira deverá ter preparado antes dois pequenos cartazes onde está escrito em cada um "Briga de galo" e ter à mão fita adesiva. Dois participantes – mais ou menos da mesma estatura – são chamados a ir ao centro da roda. Os participantes são colocados frente a frente, bastante próximos. Cola-se os cartazes nas costas dos participantes, não permitindo, porém, que eles vejam o que está escrito. Depois dos cartazes terem sido colados, explica-se aos dois que a brincadeira consiste em tentar ler o que está escrito nas costas do outro, sem usar as mãos. Quem primeiro conseguir ler, fará um ponto. Ao sinal de "já", começam as tentativas. A brincadeira termina quando um dos dois "galos" tiver conseguido ler o que está escrito, ou então quando todos já tiverem rido o suficiente.

Variação

Esta brincadeira pode ser feita em mais rodadas. Para isto, retira-se do grupo para uma sala à parte duplas de pessoas, conforme o número de rodadas que se pretende fazer. A primeira dupla de pessoas pode ser tirada do próprio grupo, pois ainda não viram os cartazes.

30
Gosto de você
Diversão e atenção

Os participantes são colocados sentados em um círculo. Uma pessoa deverá ficar de pé, sem cadeira. Esta pessoa deve ir até alguém do grupo, apontar-lhe o dedo e dizer: "Gosto de você!" (ou: "Gosto de ti"). A pessoa apontada deverá perguntar: "Por quê?" Ao que a pessoa que está de pé deverá responder: "Porque você tem..." e deverá dizer alguma coisa que alguém do grupo tem ou estiver usando. Pode ser dito algo que só uma pessoa tenha, que mais pessoas tenham ou inclusive que todas as pessoas tenham. Quem tiver a coisa que foi dita, deverá mudar de lugar, procurando alguma cadeira que foi deixada vazia. Quem estava de pé, deve procurar uma cadeira vazia. Terminada a mudança de lugar, irá sobrar uma pessoa de pé. Esta continua a brincadeira, indo até alguém e dizendo: "Gosto de você!" e assim por diante. A brincadeira termina quando todos já tiverem se divertido.

Variação

Esta brincadeira poderá ser feita com sistema de eliminação de participantes. Serão eliminadas as pessoas que tinham aquilo que foi dito, mas não mudaram de lugar. O grupo deve controlar. Cada vez que se elimina uma pessoa, também se retira uma cadeira, de modo a haver sempre uma cadeira a menos que o número de participantes. A brincadeira termina quando restarem quatro (ou três) vencedores.

31
Famoso na testa
Brincadeira de perspicácia

Cada um dos participantes deverá escrever sobre um pedaço de fita adesiva o nome de uma pessoa famosa (conhecida de todos os presentes). Quando todos já escreveram, cada qual deverá colar na testa de uma outra pessoa este pedaço de fita adesiva, sem deixar, porém, que esta pessoa veja o nome que está escrito. Quando todos já tiverem uma fita colada na testa, os participantes deverão colocar-se numa roda e cada qual deverá tentar descobrir quem é (o que está escrito no bilhete de sua testa), fazendo perguntas tipo: Sou ator? Sou jogador(a)? Sou mulher? Sou uma pessoa da política? O grupo em coro irá responder "sim" ou "não" a cada pergunta. Casos controversos deverão ser resolvidos pelo coordenador da brincadeira. Quando não se souber a resposta, também o coordenador poderá intervir, respondendo que não se sabe. Cada qual poderá fazer cinco perguntas sobre "como sou". Se não souber adivinhar após cinco perguntas, será a vez de seu vizinho. Este também terá suas cinco perguntas e assim sucessivamente. Aqueles que não conseguiram adivinhar quem são, terão a chance de fazer agora somente uma pergunta nas próximas rodadas. Se alguém tentar adivinhar e errar o nome, não terá o direito de fazer qualquer pergunta na próxima rodada. A brincadeira termina quando todos já tiverem descoberto seus nomes.